Louis Reybaud

L'Américanisme commercial et le mouvement économiste aux États-Unis

Essai

 Le code de la propriété intellectuelle du 1er juillet 1992 interdit en effet expressément la photocopie à usage collectif sans autorisation des ayants droit. Or, cette pratique s'est généralisée dans les établissements d'enseignement supérieur, provoquant une baisse brutale des achats de livres et de revues, au point que la possibilité même pour les auteurs de créer des œuvres nouvelles et de les faire éditer correctement est aujourd'hui menacée. En application de la loi du 11 mars 1957, il est interdit de reproduire intégralement ou partiellement le présent ouvrage, sur quelque support que ce soit, sans autorisation de l'Éditeur ou du Centre Français d'Exploitation du Droit de Copie , 20, rue Grands Augustins, 75006 Paris.

ISBN : 978-1985738775

10 9 8 7 6 5 4 3 2 1

Louis Reybaud

L'Américanisme commercial et le mouvement économiste aux États-Unis

Essai

Table de Matières

Introduction	6
Section I	9
Section II	19
Section III	29

Introduction

Dans les débats récemment ouverts devant notre corps législatif sur la liberté du commerce et les traités qui en sont l'instrument, il a été plus d'une fois question du régime en vigueur aux États-Unis ; il en est également question devant la commission d'enquête chargée de réunir les pièces de ce laborieux dossier, et jusqu'ici les opinions comme les témoignages semblent abonder dans le même sens. Voyez, disent les représentants des industries qui ont des griefs à faire valoir, voyez comment se conduit un peuple judicieux. Au début, il cède à l'esprit d'aventure, admet indistinctement dans ses ports tous les pavillons, livre son marché en pleine franchise aux produits de toutes les provenances ; mais ce n'est là qu'un égarement passager, un entraînement de jeunesse, dont il s'empresse, de revenir dès que l'âge et l'expérience l'ont désabusé. Un sentiment plus réfléchi lui montre alors que ses condescendances pour les produits de l'industrie étrangère aboutissent à l'oubli ou à l'abandon de sa propre industrie, et qu'en définitive créer ou développer chez soi des foyers de travail national est plus sensé que d'alimenter outre mesure le travail des autres nations. De là ce retour d'opinion né avec la guerre et qui persiste malgré la paix, de là des tarifs excessifs succédant à des tarifs presque nominaux, une fiscalité savante qui agit comme un crible sur les produits, chargeant les uns, écartant les autres, distinguant ce qui sert de ce qui nuit, faisant un choix dans les applications et se souciant peu des théories. Voilà les Américains du Nord, un peuple positif, s'il en fut. Quelle leçon pour nous et quel exemple à suivre ! Ainsi concluent la plupart des dépositions recueillies dans le cours de l'enquête parlementaire.

Ce langage ne pèche que par un point ; il exagère les faits et se trompe de date. L'état des esprits en Amérique n'est plus tel qu'on le dépeint. Il est vrai qu'au moment de la rupture de l'union la majorité du congrès, résolue à vaincre, se fit des tarifs une arme de guerre contre le sud et un moyen de représailles contre l'Europe. Il est vrai aussi que, la paix venue, les manufacturiers qui font partie du congrès ont remplacé ces motifs de la première heure par un prétexte plus spécieux, le remboursement de la dette publique, et obtenu le maintien de tarifs élevés comme garantie de ce service ;

mais peu à peu, dans les chambres et hors des chambres, le jour s'est fait sur ces questions, les voiles se sont déchirés. On a vu clairement que, poussés à outrance, les tarifs manquaient leur objet, cessaient d'être fiscaux pour devenir prohibitifs, et n'étaient plus, au lieu d'accroître les ressources du trésor, qu'un moyen de fortune pour quelques régions de la république, et, dans ces régions, pour quelques entrepreneurs d'industrie. A l'appui de ces faits venaient d'autres indices non moins significatifs : l'engourdissement du crédit, le chiffre presque stationnaire de la dette, si bien que depuis longtemps déjà les meilleurs esprits sentaient qu'on était engagé dans une fausse voie, et que les rancunes, survivant à la guerre civile, étaient habilement exploitées au profit de calculs personnels. Mise en éveil, l'opinion a donc réagi contre un état de choses qui n'a pour lui ni la tradition, ni la vérité, ni la justice : rude besogne, comme on le verra, mais qui, n'en déplaise aux gens qui citent en exemple le régime économique des États-Unis, est assez sérieusement entamée pour enlever au moins à cet exemple une partie de son à-propos.

C'est de ce mouvement tout récent et en partie ébauché que nous allons raconter l'histoire. Si les suites en sont encore confuses, l'intention en est claire : on ne veut plus souffrir qu'au moyen d'équivoques certaines industries privées battent monnaie avec les coins de l'état. Comme toujours, dans cette revendication, la parole a d'abord appartenu à ces sociétés libres qui, dès qu'il naît un abus, fondent un club ou dressent une tribune pour le combattre ; elles le tentèrent presque sans espoir tant que les tarifs, soumis à deux remaniements, ont passé pour un engin de guerre, comme en 1861, ou pour un droit d'aubaine, comme en 1865. Dans l'ardeur de la lutte, comme dans l'ivresse du triomphe, il y avait peu de place pour la controverse. Comment s'y reconnaître en effet au milieu des fumées de poudre qui flottaient dans l'air ? Bon gré, mal gré, il fallait attendre qu'elles se fussent dissipées. D'hier seulement on en est là, et après beaucoup de temps perdu l'œuvre marche : les sociétés pour la baisse des tarifs, rares et hésitantes au début, ont grandi en influence et en nombre. On en compte dans presque tous les états, même dans ceux qui sont le plus ouvertement inféodés aux compagnies industrielles ; trois ou quatre états en ont plusieurs, parfois d'une localité à l'autre l'étiquette ne se distingue que par le nom de la ville où siège l'association. De loin en loin, un mot d'ordre est donné, et tous ces affluents se confondent dans une agitation générale qui en multiplie l'effet, comme on l'a vu pour la ligue anglaise des céréales. C'est le même esprit, et probablement ce sera la même issue. Le débat y est d'ailleurs très vif et sans ménagements pour les personnes : non pas qu'on ne rende à la majorité du congrès l'honneur qui lui revient pour le grand acte de délivrance auquel ses membres ont concouru ; mais on dénie à tous et à chacun le droit de prélever plus longtemps sur le sang versé une dîme pour eux ou pour des tiers. On leur dit nettement que les glorieux ancêtres, Washington, Thomas Jefferson, n'en usaient point ainsi, ne mêlaient pas leur petit ménage avec les affaires de l'état, et eussent rougi d'être nommés les pères du tarif et non les pères de la république.

Ce n'est pas tout. A ces sociétés libres se sont joints, dans des sommations non moins vives, des corps moraux ayant qualité pour cela, des villes, des ports de commerce, des états même, et le plus considérable de tous, New-York. Le gouverneur de cet état est bon à entendre, il donnera la mesure de l'accent qu'a pris la plainte. « Je proteste contre le régime de faveur qui prévaut dans notre tarif de douanes, » s'écrie-t-il dans son dernier message adressé à la législature, c'est-à-dire dans un document dont tous les termes doivent être pesés, et il ajoute qu'en réalité et à tenir les choses pour ce qu'elles sont, on a sacrifié à cette vaine et fausse idole, — le tarif, — ce qu'il y a de plus consistant dans la fortune américaine : le commerce maritime, le débouché des denrées rurales, la faculté dont jouissait le consommateur régnicole de s'approvisionner le moins onéreusement possible et partout où il trouvait convenance à le faire, l'avantage enfin de fouler un sol où les collecteurs n'avaient pas encore établi le siège d'une exaction savante. Que, pour acquitter les dettes courantes de l'Union et amortir les dettes passées, des taxes, de lourdes taxes, fussent nécessaires, personne n'y contredisait ; mais l'essentiel dans l'assiette de ces taxes était qu'en aucun point la justice distributive ne fût blessée, que toutes les taxes pesassent également sur toutes les épaules, enfin que ce qui était un sacrifice pour la plupart ne devînt pas un bénéfice d'exception pour quelques-uns. Or ces conditions, il était possible de les réunir, pourvu qu'on y mît de la bonne foi et du désintéressement ; on se fut alors épargné la mauvaise raillerie de jeter un faux vernis d'équité sur un système d'une évidente partialité. Conclusion : une réparation était due à des intérêts qui avaient longtemps et impunément souffert. Pour obtenir cette réparation, le gouverneur de l'état de New-York faisait un appel à ses administrés de toutes les classes, ouvriers, cultivateurs, négociants, armateurs, hommes de professions libérales, leur signalant l'obstacle à détruire, l'obstination du congrès, — le but à poursuivre, le dégrèvement des droits sur les frontières de mer. On ne pouvait être plus ferme ni plus catégorique. Des messages dans le même sens marquèrent la reprise des travaux d'autres législatures : l'élan était donné.

Cet élan eût été dès lors irrésistible, si la reconstruction des états que la rébellion avait détachés n'eût pas traîné en longueur. Comment faire pourtant ? On ne pouvait pas leur rouvrir les portes du congrès sans qu'ils fournissent la preuve de leur soumission, et pour cela que de précautions à prendre, dont la moindre était que la majorité ne se laissât entamer ni dans le nombre de ses sièges, ni dans la nature de ses votes ! Parmi ces votes, il en était, comme le tarif, qu'on renouvelait presque sans les discuter. Le tarif datait des grands jours de la résistance. Dégénéré en intérêt pour les uns, il demeurait pour les autres une superstition. A peine osait-on, de loin en loin, y porter la main pour des détails insignifiants et pour les besoins urgents du service. Dans ce cas même, le congrès attendait que des hommes spéciaux intervinssent, et c'est ce qui a eu lieu dans le cours de cette session. Une demande de réforme très modérée du tarif a été introduite devant la chambre des représentants par l'un des commissaires du revenu public, M. Wells, débattue devant le comité des voies et moyens et mise sur-le-champ en délibération. Plusieurs semaines se sont écoulées dans l'examen et le vote des articles, et, à en juger par les résultats, on peut dire qu'il s'est opéré une certaine détente dans les esprits, hier réfractaires, aujourd'hui plus disposés aux concessions, comme on va le voir.

Section I

C'est devant le comité des voies et moyens que le débat s'est d'abord engagé. M. Wells y défendait son rapport, qui a été vivement attaqué, au nom des industriels de la Pensylvanie, par M. William D. Kelley, membre du comité, un rude jouteur que ce M. Kelley, mais plus fort sur les anecdotes que sur les principes ! Dès le début de sa controverse, il en cite une assez curieuse. Pour établir que les excès de fiscalité n'étaient pas sans influence sur le mouvement des caisses d'épargne, M. Wells avait dû ramener le chiffre net des dépôts à leur valeur en numéraire, calculée probablement pour le jour où il avait mis la dernière main à son rapport. Le cours avait varié depuis : grande découverte et moyen oratoire pour M. Kelley ! « S'il en est ainsi, dit-il, quelle a du être la situation de nos pauvres caisses d'épargne dans la terrible journée du 24 septembre dernier, quand de 123 le cours de l'or montait à 165 en une heure, et que tel déposant vendait, à l'une des queues de la bourse de l'or, à New-York, à raison de 135, ce qu'Albert Spires achetait à l'autre queue à raison de 160 ! Or il arriva ce jour-là une singulière aventure à ce M. Spires, un lunatique bien connu. Un jeune homme qui s'était faufilé parmi les agents de change, et qui, après quelques opérations risquées, y avait fait mauvaise figure, avisa M. Spires au moment de son plus beau feu. « Du 160 pour 1 million, criait le personnage en se démenant. — Pris, dit le jeune homme en lui frappant sur l'épaule. — 2 millions encore au même taux. — Pris, » et ainsi de suite jusqu'à 13 millions de dollars, offerts et acceptés coup sur coup. Et, tout calcul fait, il se trouva que le jeune banqueroutier avait gagné près de 800,000 dollars au vieux lunatique sans qu'aucun des deux y perdit 1 centime, ou en retirât une pièce d'or. » Voilà le genre de réfutations à l'usage de M. Kelley, et ce n'est vraiment pas sérieux. Dans un rapprochement entre les dépôts aux caisses d'épargne en 1860, époque où les paiements se faisaient en or, et en 1869, où les paiements se faisaient en papier, il n'y avait pas d'autre procédé à employer que celui de M. Wells, et il reste acquis que l'avantage pour les déposants n'est pas dans celle des deux périodes où des tarifs exorbitants ont été mis ou maintenus en vigueur.

La discussion en comité est pleine de ces querelles qui vont jusqu'à la personnalité. L'intérêt particulier est coutumier de ces écarts de langage. Le commissaire du revenu avait cru devoir, à l'appui de quelques demandes de dégrèvement, rappeler cette vérité, banale à force d'être démontrée, que tout droit perçu à la frontière a pour effet d'élever d'autant le prix des articles frappés, et par suite d'augmenter les charges du consommateur. Croit-on que M. Kelley ait adressé à ce lieu-commun le seul reproche qu'il pût encourir, d'être trop usé ? Pas le moins du monde : M. Kelley voit au contraire là dedans un paradoxe, une erreur énorme bien digne des cerveaux détraqués de l'Europe, et il en prend occasion pour débiter un petit traité d'économie politique américaine mise à notre portée. Les taxes qui pèsent à l'entrée sur les produits, personne aux États-Unis n'en souffre, selon lui ; personne non plus n'en profite : c'est une trop noble terre pour cela ; on n'y appauvrit, on n'y enrichit légalement personne. Le seul tributaire en réalité, et rien à son gré de plus juste, c'est le producteur, l'armateur, le commissionnaire, le courtier européen, qui pour la première fois sont forcés de rendre gorge et d'abandonner à des clients longtemps spoliés une large part de leurs profits : restitution d'ailleurs bien petite après tant de marchés usuraires pendant la paix et tant d'actes de piraterie pendant la guerre ! Quant au manufacturier américain, M. Kelley s'indigne des accusations dont il a été l'objet : lui spéculer sur les besoins du peuple ! pousser au renchérissement des produits en faisant systématiquement la disette sur le marché ! il n'y a qu'un M. Wells qui puisse le penser et le dire ; mais M. Kelley ne le souffrira pas, il vengera le manufacturier américain, le maître de forges surtout, qu'il connaît bien, dont il tient mandat et à qui il veut restituer sa véritable figure. Suit un portrait en pied avec tous les détails propres à flatter le modèle. Le maître de forges, d'après M. Kelley, a non-seulement enrichi, mais armé le pays. A la vue des vastes gisements de minerai et de charbon qui couvrent le territoire, le maître de forges s'est demandé si de telles richesses, de telles ressources resteraient sans emploi, s'il n'était pas insensé d'aller chercher au dehors ce qu'on avait abondamment chez soi, et de s'approvisionner d'instruments de guerre chez des peuples qu'un jour ou l'autre on serait appelé à combattre. On devine ce qu'un thème pareil comporte de développements oratoires, et M. Kelley n'en a épargné aucun, ni au comité qui l'écoutait, ni au rapporteur en butte à ses attaques.

Les répliques, cela va de soi, n'ont pas manqué, tant de la part du commissaire spécial que de la part des membres du comité dont l'esprit n'était pas prévenu. Sur la mise en rapport des richesses minérales du pays, point d'hésitation chez aucun d'eux ; tous la désiraient, comme le représentant de la Pensylvanie, aussi ample, aussi prompte que possible. Le seul point en question était de savoir s'il fallait y procéder naturellement, au moyen de tarifs modérés, ou artificiellement, avec des tarifs enflés outre mesure et coup sur coup. Or, entre les deux moyens, le choix ne pouvait être douteux. Le premier avait suffi pour donner à la fortune minérale de l'Union un essor et une place qui n'étaient point à dédaigner, même en regard des plus vieux empires, et qu'attestaient deux témoignages significatifs, un vaste réseau de chemins de fer et un beau matériel de guerre, — le tout en laissant aux taxes d'entrée leur jeu régulier, qui est, ou du moins qui doit être, d'alimenter le revenu public. En tout ceci, l'expérience avait donc été des plus concluantes, ce qui n'était démontré, pour le second cas, ni avec la même évidence ni au même degré. Rien de moins prouvé en effet, depuis l'établissement des hauts tarifs, que l'action et ce que l'on nomme l'incidence des taxes non-seulement sur l'équité de la répartition, mais encore sur le ménagement judicieux de l'activité et de la fortune privées. En vain essayait-on de s'en rendre un compte exact ; on s'y heurtait à des embûches et à des équivoques, on n'y reconnaissait pas de prime abord ces procédés ouverts, ce franc jeu, qui sont de règle chez un peuple où tous les citoyens veulent être traités sur le même pied, sans que jamais la loi, par ses subtilités, puisse en faire des dupes les uns des autres. Or des dupes, il y en avait ici par millions, et il suffisait, pour s'en convaincre, de rappeler ce que les hauts tarifs avaient été en intention et ce qu'ils étaient devenus en fait, leur destination présumée et leur destination réelle.

La destination présumée, comment s'y méprendre ? A peine après quatre ans de lutte l'Union respirait enfin qu'elle songeait à ses finances épuisées dans la poursuite de son triomphe. Il ne s'agissait guère alors de tirer parti des richesses enfouies, ni de spéculations à long terme, ni d'impôts en prévision de l'avenir, d'aucune de ces données de convention que l'intérêt privé, dès qu'on lui rend la bride, imagine pour déguiser ses convoitises ; il s'agissait de ressources à bref délai, de recouvrements immédiats pour parer aux services en souffrance, porter loyalement le poids de la dette et pousser la rançon du pays si loin qu'on entrevît en perspective la disparition du papier-monnaie, cette plaie et ce signe de déchéance de tant d'états. Tel était le sens des hauts tarifs, sacrés dans leur exagération même. Ils voulaient dire que ce fier et vaillant peuple, après avoir racheté largement de son sang la faute de ses pères, entendait achever ce rachat l'or en main le plus tôt possible, sans demander grâce sur les conditions. Jamais intention plus formelle n'avait été accueillie avec plus d'applaudissements par une nation prête à plus de sacrifices. Pouvait-on dire que les faits y eussent répondu ? Non, le calcul s'était glissé dans l'acte pour le corrompre, et cela, presque à l'insu de ceux qui n'en avaient d'abord compris que la grandeur. Rien de plus intelligible que cette déviation préparée de longue main et habilement conduite. Pour que la hausse des tarifs gardât sa vertu d'origine, l'amortissement de la dette, une précaution était à prendre et une limite à observer : précaution de ne rien outrer, limite où l'excès de la taxe ne fermerait pas la porte au produit. Ainsi il eût fallu, pour n'importe quel article, qu'une augmentation de 5 pour 100 dans la taxe donnât, par exemple, en recette 5 millions de plus sur chaque 100 millions, sans que la moindre parcelle en fût perdue pour le trésor, ou du moins sans perte trop sensible. Qu'on est loin de là ! ajoutaient les partisans d'une réforme, et combien les effets des tarifs ont changé à mesure qu'ils ont été pris à plus haute dose ! Les habiles ne l'ignoraient pas ; soit qu'ils fissent valoir la chimère d'une libération prochaine, soit qu'ils donnassent le conseil d'une revanche contre les perfidies européennes, ils savaient en définitive où tendaient ces diverses formes d'exploitation de la crédulité nationale. Peu importait le moyen, pourvu que l'opinion et le congrès continuassent à pencher dans le sens de la hausse : 10 pour 100 aujourd'hui, 20 pour 100 demain, et dans des cas d'exception 30, 40 et jusqu'à 80 pour 100 ! Le public pourtant, trompé par les apparences, battait des mains, et croyait que les rentrées du trésor s'élevaient en même temps que les taxes : il n'avait pas la conscience du phénomène qui se passait, et qui ne laissait au trésor que l'ombre, tandis que d'autres couraient la proie.

L'effet réel était en deux mots ceci : à un certain degré de hausse, les taxes, comme par un coup de bascule, changeaient de bénéficiaires ; de positives, elles devenaient négatives pour les caisses publiques ; en d'autres termes, la perception cessait faute de matière pour s'exercer et faute de convenance à introduire ces matières. A qui profitait alors le vide opéré dans les caisses de l'état ? Évidemment aux industries régnicoles qui s'étaient substituées en tout ou en partie aux industries étrangères pour l'approvisionnement du marché local. A quel moment et dans quelle mesure ? C'était l'inconnue du problème, inconnue qui variait suivant la branche d'industrie, le mode d'exploitation, la marge laissée entre les prix de revient et les prix de vente, tous détails au sujet desquels on ne pouvait attendre rien de précis des intéressés, car l'une de leurs forces était précisément dans le mystère dont ils s'enveloppaient et dans les arrangements de chiffres à l'usage des manufacturiers de tous les temps et de tous les lieux. Deux faits n'en restaient pas moins démontrés et suffisaient amplement pour la condamnation des tarifs empiriques : l'un consistait dans les brèches faites aux ressources de la confédération, quand, de fiscales, les taxes devenaient prohibitives, et c'est là-dessus qu'insistait le plus vivement le commissaire spécial du revenu ; l'autre consistait dans la dévolution faite à quelques industries, sous forme de privilège, d'une partie des profits, dont l'état se trouvait dénanti par le jeu incident des tarifs. C'était le motif donné par les membres du comité des voies et moyens, qui voyaient là un abus, et un abus criant dans un régime où les chances devaient rester égales pour tous les citoyens, comme les droits étaient égaux. Pour l'un et l'autre objet, la conclusion était un plan de réforme. Quant à la prétention du représentant de la Pensylvanie de tenir les consommateurs américains pour exonérés des taxes que les produits acquittaient à l'entrée et de n'y voir qu'un moindre bénéfice pour le producteur et les intermédiaires européens, c'était là trop de candeur ou trop d'habileté chez un homme rompu aux affaires. S'il se fût agi de taxes modiques, 3, 4, 5 pour 100, on eût pu rechercher sur qui elles pesaient le plus, de l'expéditeur ou du client d'outre-mer ; mais devant des taxes de 50 à 60 pour 100, comment avancer, en gardant son sérieux, qu'il s'en faisait en Europe une compensation anticipée sans que nul Américain eût à y contribuer, même pour une petite part ? 50 pour 100 ! mais les Lombards du moyen âge eussent rougi de bénéfices si usuraires, et au XIXe siècle ces bénéfices n'existent, pour les articles courants, chez aucun peuple civilisé. Des taxes de 50 pour 100 et plus, c'est immanquablement le consommateur qui les paie, et toute la science économique de M. Kelley ne saurait infirmer cette vérité.

Dans d'autres parties de ses répliques, l'avocat des gros tarifs a montré pourtant plus de tact et en faisant la part des exagérations il y a intérêt à lire les détails qu'il donne sur l'industrie du fer a une date très récente, notamment sur les aciers fondus ou aciers Bessemer, et sur les fontes brutes ou fontes en saumons. On sait que l'acier Bessemer tend à s'emparer de la fourniture des voies ferrées à des prix de plus en plus modérés et avec une durée sept ou huit fois plus grande que l'ancien métal. Peu d'inventions ont eu une vogue aussi rapide, et pourtant en 1864 aucun essai n'avait encore eu lieu aux États-Unis. Les risques étaient grands, il est vrai ; même en Angleterre, siège de la découverte, on hésitait sur les procédés, et on n'atteignait pas des prix marchands capables de donner au produit un débouché assuré. N'importe, des Américains courageux se mirent à l'œuvre, et M. Kelley raconte leurs déconvenues. Le plus bas prix auquel on pût alors se procurer les rails en acier Bessemer était de 150 dollars par tonne, fret compris ; c'était également ce qu'avaient payé pour de petits lots les agents de diverses compagnies de chemins de fer. On tabla là-dessus, et, les sites une fois choisis, deux ou trois entreprises se montèrent. Rien ne s'improvise. Pour construire les bâtiments, commander et installer les machines, réunir des ouvriers de choix, plus de quinze mois s'écoulèrent ; néanmoins le prix du nouveau métal n'avait pas changé. Ce fut dans ces conditions que s'ouvrit à Harrisburg, sous le nom de *Freedom Works*, œuvres ou travaux d'affranchissement, la première fabrique d'acier Bessemer ; une seconde était à la veille de s'ouvrir à Troy, dans l'état de New-York. En ajoutant au prix de 150 dollars la taxe de 45 pour 100 de la valeur perçue à l'entrée, on en restait, pour l'article rendu à quai en Amérique, dans des termes qui laissaient une certaine marge à la concurrence, et promettaient quelque vie aux nouveaux établissements. — Hélas ! à quoi et à qui se fier ? Les fabricants américains étaient à peine entrés sur le marché que les rails Bessemer, presque immuables jusqu'alors à ce prix de 150 dollars, vacillaient sensiblement sur leur base ; ce n'était plus que 130 dollars dans la première campagne, et depuis le déclin a été si prompt qu'on obtient aujourd'hui les mêmes, rails à 50 dollars la tonne, c'est-à-dire à deux tiers de moins qu'aux conditions d'origine, pris à Hull ou à Liverpool. Les entrepreneurs ont-ils désarmé pour cela ? Non, Harrisburg est toujours debout, Troy aussi ; d'autres établissements se sont fondés à Chester dans la Pensylvanie, à Cleveland dans l'Ohio, à Détroit dans le Michigan. A en croire M. Kelley, il s'en prépare même sept ou huit autres, dont il cite les noms ; mais à une condition, c'est que le terrible M. Wells renonce à réduire de moitié la taxe qui protège tant bien que mal le Bessemer américain. Autrement M. Kelley ne répond pas plus de ce qui est à naître que de ce qui est né.

Au sujet des aciers fins, même querelle, poussée jusqu'aux gros mots. Sheffield, par exemple, est formellement accusé d'avoir entretenu dans les ports d'Amérique, de temps immémorial, des agences qui fraudent le fisc par des évaluations mensongères, et peu s'en faut que M. Wells ne soit pris à partie au sujet de ces prévarications ; on lui impute tout au moins d'avoir eu des connivences avec Sheffield quand il s'est agi, en vue de ces fraudes, de substituer des taxes au poids aux taxes sur la valeur. Pour les fontes brutes ou en saumons, le ton n'est pas moins aigre, ni le débat moins envenimé ; c'est, il est vrai, la matière première de l'industrie du fer, et M. Wells n'avait pas craint de la signaler comme digne de grands ménagements à raison des travaux de forge et de moulerie que cette matière alimente aux yeux du commissaire du revenu ; la taxe alors en vigueur de 9 dollars par tonne ne devait pas être maintenue. A cette déclaration, le représentant de la Pensylvanie ne se contient plus. « Ce n'est donc point assez, dit-il, que cet homme, cette âme damnée des Anglais, leur ait fait litière de nos aciers Bessemer et de nos aciers de cémentation ; il porte encore la main sur nos fontes ! C'est trop d'audace en vérité. Ignore-t-il donc ce qu'en moins d'un an le droit de 9 dollars a valu aux industries américaines ? Ignore-t-il que dans ce court délai 65 hauts-fourneaux ont été construits, pouvant procurer un large travail aux ouvriers de quinze états ; 6 dans le New-York, 1 dans le New-Jersey, 19 dans la Pensylvanie, 1 dans le Maryland, 4 dans la Virginie, 6 dans l'Ohio, 5 dans l'Indiana, 3 dans l'Illinois, 5 dans le Michigan, 2 dans le Wisconsin, 6 dans le Missouri, 3 dans le Kentucky, 1 dans la Géorgie, 2 dans l'Alabama et 1 dans le Tennessee ? Au moyen de ces hauts-fourneaux, notre puissance de production a été portée à près de 2,500,000 tonnes par an, 50 pour 100 environ du contingent de la Grande-Bretagne. Ce n'est pas tout ; 50 autres hauts-fourneaux en voie de fondation iront avant la fin de l'année, si rien n'y met obstacle, grossir le nombre de ceux qui sont en activité. Et c'est cette richesse que l'on voudrait détruire, c'est le plus net de notre héritage dont on voudrait priver nos neveux ! » On le voit, il n'y a pas pour les industries ; quelque part qu'on les interroge ou qu'on les discute, deux manières de se défendre ; c'est toujours la même gamme : confondre leur intérêt privé avec l'intérêt public et malmener les hommes clairvoyants qui voudraient en maintenir la séparation.

Durant deux longs mois, des discussions de ce genre se sont succédé devant le comité des voies et moyens ; M. Kelley n'était pas le seul qui eût des lances à rompre avec le commissaire spécial du revenu. Le groupe de représentants qui en 1861 a voté le tarif Morrill, qui l'a aggravé en 1864, est encore, après des brèches insignifiantes, presque aussi compacte qu'à ses débuts, et il a gardé de ses anciennes luttes un esprit de corps qui résiste à des condescendances trop marquées. Comme parti, l'option, même dans les détails, ne lui est pas toujours permise ; quand la consigne prévaut, il faut serrer les rangs sous peine de se laisser entamer. M. Wells n'a donc pas obtenu du comité, en fait d'amendement aux tarifs, tout ce qu'il lui avait demandé et tout ce qu'en bonne justice il eût dû en attendre ; mais les points essentiels sont acquis, le reste n'est plus qu'à bref ajournement. Des réductions ont été proposées au congrès. Il y en a d'assez considérables sur les bois de construction entre autres : sur toutes les planches, le droit sera de 1 dollar par 1,000 pieds, et sur les bois non autrement taxés, de 1 centime par pied cube. Sur les vins et esprits, changement complet de régime ; on les taxe à la mesure au lieu de les taxer à la valeur, les vins en barrique à raison de 50 centimes le gallon, sauf le champagne et autres vins mousseux, qui resteraient soumis au droit de 50 centimes par bouteille d'un litre et de 25 centimes par bouteille d'un demi-litre. Quant aux eaux-de-vie et autres spiritueux, la douane s'est un peu relâchée de ses rigueurs, dont quelques chiffres donneront une idée. En 1859, le droit étant de 6 dollars l'hectolitre, il entrait aux États-Unis 70,000 quarts de cognac ; en 1870, le droit ayant été porté à 96 dollars environ l'hectolitre payables en or, il n'en entre plus que 7,000 quarts. Les propositions du comité réduiraient le droit à 2 dollars par gallon, c'est-à-dire à 45 dollars environ l'hectolitre payables en or. Pour les tissus de laine, de coton et de soie, comme pour les vêtements confectionnés, il y a également quelques réductions, mais en somme peu considérables, et dont aucune ne dépasse 5 ou 6 pour 100. Le commissaire spécial s'est seulement attaché à simplifier les classements et à donner à la taxe une forme qui échappât le plus possible aux ambiguïtés, employant pour cela, comme terme ou étalon, tantôt la valeur, tantôt la mesure, tantôt le poids, isolés ou combinés. À défaut d'un dégrèvement sérieux, on aura du moins des nomenclatures mieux faites et des vérifications plus promptes.

Pour les métaux, qui sont en tout tarif la matière la plus discutée, un arrangement semble avoir eu lieu à la dernière heure entre les Pensylvaniens et le commissaire du revenu. M. Kelley et les siens ont, de guerre lasse, abandonné 2 dollars sur le droit de 9 dollars dont le tarif de 1864 frappait la fonte en saumons, ce qui a ramené à 7 dollars par tonne les propositions du comité portées devant le congrès. En revanche, M. Wells s'est non-seulement désisté de sa demande de dégrèvement pour les aciers fondus ou forgés, mais encore il a consenti à une augmentation sur les aciers et les fers ouvrés, marquant ainsi l'intention de mesurer la taxe au degré de la main-d'œuvre, et rompant avec Sheffield d'une manière assez ouverte pour éloigner de lui jusqu'au soupçon d'une complicité. Voici maintenant un détail qui est plus récent encore, et où ce n'est plus le comité des voies et moyens, mais l'une des chambres du congrès qui a eu le dernier mot. D'ordinaire ces matières de douanes y sont l'objet d'un simple enregistrement : quand un changement intervient, c'est pour des incidents de quelque gravité. Or le droit sur les fontes brutes a été définitivement réduit à 5 dollars par un vote de la chambre des représentai. A 5 dollars au lieu de 7, comme M. Wells y avait consenti, au lieu de 6 du tarif de 1861 ou de 9 du tarif 1864 ! mais c'est là un désaveu du passé et une sorte de volte-face économique. Évidemment l'opinion poursuit son travail et la question s'éclaire. On sent de plus en plus qu'un empire qui se débat sous l'étreinte du papier-monnaie a, pour s'en dégager, autre chose à entreprendre que l'incubation maladive de quelques industries, et qu'il doit chercher ailleurs les moyens de ranimer son crédit et de relever sa fortune. Ces moyens sont des plus simples et des mieux indiqués : affranchir le pays des artifices qui l'énervent pour le rendre à ses forces naturelles, prêter moins d'attention à des industries qui, livrées à elles-mêmes, ne s'en porteraient pas plus mal, enfin songer de nouveau aux trois instruments qui ont tant aidé à la grandeur de l'Union, et dont on semble aujourd'hui négliger les services : le commerce, la navigation et l'agriculture.

Section II

Comme tout ce qui est du domaine de l'inconnu, les destinées de l'Amérique du Nord ont été l'objet de beaucoup d'hypothèses. On connaît celle d'Abraham Lincoln, lorsque dans la période la plus critique il eut à défendre l'Union contre la perspective d'un démembrement. Sa grande âme en écartait la pensée comme un mauvais rêve, et pour la combattre il s'appuyait sur la configuration du pays. La carte sous les yeux, il demandait aux scissionnistes les plus résolus comment et sur quel point il serait possible d'opérer un partage dans l'immense vallée, découpée en éventail, dont l'Ohio, le Missouri et le Mississipi recueillent et disciplinent les eaux. En dehors de ce bassin s'étendaient, il est vrai, deux tranches distinctes de territoire baignées chacune par un océan et adossées à de hautes chaînes semées de plateaux, — les monts Alleghanys et les Montagnes-Rocheuses ; mais c'était là une partie intégrante du même empire, des vigies planant sur les eaux et en regard l'une de l'Europe et de l'Afrique, l'autre de l'Asie et de la Polynésie, comme l'était l'embouchure du Mississipi pour le golfe du Mexique et l'Amérique du Sud, comme le seront plus tard les grands lacs et le cours du Saint-Laurent pour des régions polaires, quand le Saint-Laurent et les lacs appartiendront à leurs possesseurs naturels. De ce bel ensemble ayant des ouvertures sur toutes les parties du globe, il n'y avait rien à détacher, rien à distraire ; vainement eût-on cherché ailleurs un autre cadre pour 300 millions d'hommes, pour les cultures les plus variées, les arts les plus productifs, la marine la plus florissante, le commerce le plus étendu ; la nature n'a pas deux fois de ces prodigalités, et bon gré, mal gré, il fallait en conclure que l'Union devait être ainsi ou ne pas être.

Qu'il y eût beaucoup d'illusion dans cet horoscope d'Abraham

Lincoln, ce n'est pas douteux ; mais ces illusions ont un titre au respect, il les a payées de son sang. Il entendait que le pouvoir dont on l'avait investi ne déchût pas dans ses mains, et, à tout prendre, il y a réussi ; à sa mort, l'Union était reconstituée. Monroë aussi avait une devise qui visait plus haut que de raison quand il disait que l'Amérique appartient aux Américains, et que la république du nord ne doit pas souffrir sur le même continent autre chose que des républiques. C'est encore de l'excès, de la jactance, mais avec un sentiment de grandeur ; on ne sort pas des formules chevaleresques. Pour en trouver qui n'aient ni grandeur ni raison, il faut arriver à ces derniers temps. Telle est celle-ci : qu'en toute chose les États-Unis doivent prendre à tâche de se suffire et évincer l'Europe des marchés américains, dont elle n'a que trop abusé. Plus rien alors de fier ni de noble ; les choses dégénèrent en querelles de marchands. Des rancunes s'y mêlent sans doute, et très légitimes, comme on le sait. L'Angleterre et la France ont inconsidérément pris parti contre l'Union américaine lorsqu'elle a eu à lutter sur son propre sol, non pour un intérêt ni pour une ambition, mais pour un principe que ces deux puissances, plus fidèles au sens moral et à leurs traditions, auraient dû considérer comme sacré. L'une a toléré et encouragé la course contre celui des belligérants qui représentait la cause dont elle a été le premier champion ; l'autre, campée sur les frontières de la rébellion, a menacé l'œuvre à laquelle tant de mains françaises ont autrefois concouru ; il n'a dépendu d'aucune des deux que l'esclavage ne survécût encore à cette guerre, où tant d'hommes libres versèrent leur sang pour l'abolir : tristes inconséquences qu'il est difficile d'oublier et de pardonner. Qu'un cas de guerre fût au bout, on le conçoit, et, moins épuisée, cette fière nation américaine en eût couru la chance ; elle n'y avait pas manqué en 1813, quand elle n'était qu'un embryon. A défaut de ces fortes représailles, pourquoi recourir à des jeux d'enfants, à des piqûres d'épingle qui montrent qu'on ne peut ou qu'on ne veut pas se servir de l'épée ? pourquoi ces tarifs enfin qui blessent au moins autant ceux qui s'en font une arme que ceux contre lesquels on les dirige ?

Il y avait mieux à faire, et les échecs essuyés depuis cinq ans le prouvent bien. On s'est risqué sur un terrain qui n'est pas celui de la tradition, on a rompu avec l'histoire ; or tout conseille de se réconcilier avec l'histoire et de rentrer dans la tradition.

Comment ? Le voici. La paix une fois conclue, il fallait se demander par quels moyens l'Union était arrivée en moins de soixante ans à un degré de fortune que son déchirement avait seul interrompu, et qui la mettait au niveau des plus grands empires du globe ; puis, cette recherche faite, il restait à considérer si, sans dépenses d'imagination, les mêmes moyens ne suffiraient pas pour réparer les brèches que les événements avaient ouvertes dans cette fortune, tout cela simplement et avec la volonté de n'être dupe de personne, pas plus des étrangers, objets d'une juste colère, que des nationaux qui cherchaient à faire tourner cette colère à leur profit personnel. C'était moins un système qu'une étude pour savoir au juste comment s'enrichit un peuple qui s'abandonne à son génie, profite des éléments qu'il a sous la main, et ne mêle l'influence de l'état à aucun des arrangements qui sont d'attribut particulier. Rien de plus à tenter comme revanche dès qu'on ne voulait pas ajouter une aventure de plus aux terribles aventures d'où l'on venait de sortir.

La recette qui a si bien servi dans ses premiers développements la fédération formée le 4 juillet 1776 est des moins compliquées qui existent, et peut se résumer en quelques mots : pleine liberté d'action à tous les degrés et pour tous les ressortissants, liberté de l'individu comme citoyen et de l'état comme partie de la confédération, avec le moins de charges possible pour l'état dans la confédération et pour l'individu dans l'état. Ce qu'excluent ces termes un peu abstraits, c'est l'abus de la dépense ; ce qu'ils consacrent, ce sont les petits budgets, signe le moins équivoque d'une administration régulière. Ne les obtient pas qui veut ces petits budgets, et même aux États-Unis Thomas Jefferson eut à soutenir huit ans de lutte pour les défendre contre des entraînements spécieux. Avec la meilleure foi du monde, beaucoup d'hommes politiques, et à leur tête Washington lui-même, inclinaient à amplifier les attributions fédérales au préjudice des attributions locales et à confondre les comptabilités en même temps que les services. On demandait une forte armée, une imposante marine, des chemins, des canaux communs à plusieurs états et qui comportaient une exécution combinée, tous motifs ou prétextes pour installer au cœur de la confédération une machine à grande puissance qui eût agi sur les états isolés et absorbé bientôt le plus net de leurs recettes. Avec une fermeté incomparable, Thomas Jefferson fit rentrer ces prétentions dans le néant, maintint les attributions dans leurs strictes limites, réduisit l'armée et la marine aux moindres proportions, décida que pour les voies de terre et d'eau chaque état exécuterait sur un plan d'ensemble les tronçons qui devaient le traverser, y emploierait ses agents et les paierait de ses deniers. Peut-être aurait-on ainsi des travaux moins symétriques, mais l'esprit de la constitution ne serait point mis en échec, et, au lieu d'affluer au cerveau, la vie circulerait régulièrement dans toutes les parties du corps fédéral. D'ailleurs il allait de soi que le pouvoir central aurait un budget assorti à ses fonctions, aucun gouvernement ne peut s'en passer ; mais ce budget serait des plus modestes et variable suivant les besoins : point ou peu de dettes inscrites, et dans ce dernier cas un prompt remboursement. L'Union américaine, comme une maison de banque bien gouvernée, tiendrait à honneur d'avoir ses comptes constamment à jour. Voilà le commentaire que pendant ses deux présidences Thomas Jefferson a su ajouter à la déclaration des droits du peuple américain, en marquant ce commentaire d'une empreinte qui jusqu'à ces derniers événements ne s'était jamais effacée.

Dans ce cadre et sous cette règle, la confédération n'eut plus qu'à suivre le cours de ses destinées, et c'est ici que l'exemple devient concluant. Quand le pacte fut signé, elle comptait 3 millions d'habitants, dont 600,000 esclaves, répartis dans treize états d'étendue fort inégale le long des côtes de l'Océan-Atlantique. Ces habitants ne cherchèrent pas d'autres instruments de fortune que ceux qui étaient le plus immédiatement à Leur portée, le commerce, la navigation, l'agriculture, qui firent d'eux les facteurs par excellence et pour certains articles les pourvoyeurs habituels du monde entier. Ils n'y mirent pas de raffinements, se prêtèrent aux échanges avec abandon, sans réserve, et trouvèrent en définitive que leur lot valait bien celui des autres nations. Leurs ports se garnirent de vaisseaux, leur littoral se couvrit de villes, leur sol de cultures ; le peuplement, chaque jour accru, gagna sur les solitudes. Déjà en 1790 ils étaient 4 millions, 5 millions en 1800, au-delà de 6 millions en 1810 et de 13 millions en 1830, enfin près de 30 millions en 1860, à la veille de la guerre civile. Le nombre des états avait proportionnellement augmenté, les signes de la richesse publique s'étaient multipliés avec la même évidence. En

1858, le mouvement des flottes marchandes comprenait à l'entrée 20,772 navires jaugeant 6,605,052 tonneaux, à la sortie 21,274 navires jaugeant 6,802,013 tonneaux, en tout 42,051 navires jaugeant 13,407,887 tonneaux ; sur ce matériel de navigation, la part du pavillon national atteignait les deux tiers des existences. A ne remonter qu'à 1846, où l'on avait compté, entrée et sortie comprises, 28,700 navires environ jaugeant 6,700,000 tonneaux, c'était en douze ans un progrès de 100 pour 100 dans le tonnage et de 50 pour 100 dans le nombre des navires.

Même phénomène pour le mouvement des échanges. Les premiers tableaux dressés par Pitkins entre 1821 et 1830 établissent en moyenne la valeur des importations générales aux États-Unis à 426 millions, celle des exportations à 408 millions ; total 834 millions. De cette date au moment de la guerre civile il suffit de détacher trois millésimes significatifs : 1840 avec 546 millions à l'entrée et 670 millions à la sortie, total 1,216 millions, — 1855 avec 1,366 millions à l'entrée et 1,168 millions à la sortie, total 2,544 millions, — enfin 1857 avec 1,871 millions à l'entrée et 1,615 millions à la sortie, total 3,486 millions. Quant à la part de l'agriculture dans cet ensemble de transports et d'échanges, on en jugera par un seul détail. En 1788, la douane de Liverpool saisissait au débarquement sept ballots ou ballotins de coton déclarés provenir des États-Unis, « déclaration mensongère, disait le procès-verbal de saisie, attendu que les États-Unis ne produisent pas de coton. » En 1859-1860, la récolte des cotons régulièrement constatée s'élevait à plus de 4 millions et demi de balles valant 1 milliard de francs. Sur cet article, on peut mesurer les autres, céréales, huile de pétrole, qui le suivent de près ; c'est le même développement, obtenu par un procédé économique bien simple : vendre à autrui ce que soi-même on réussit le mieux à produire, acheter d'autrui ce qu'il produit à meilleur compte et en meilleure qualité : d'où deux bienfaits qui renferment tous les autres et ont conduit dans ces vallées des millions d'émigrants, la terre à bas prix, la vie à bon marché. Enfin l'industrie, livrée à elle-même et sans sortir du droit commun, s'était déjà hardiment et largement frayé sa voie ; des groupes d'exploitation existaient sur beaucoup de points pour le charbon, le fer et le cuivre. Vers les côtes du Pacifique, la fièvre de l'or faisait sortir de terre un peuple d'enrichis, tandis que 7 millions de broches animées par la vapeur filaient automatiquement la laine et le coton.

L'Union américaine en est là, quand le canon de Charleston donne le signal de la guerre civile. Quel changement d'aspect ! Un deuil sombre enveloppe alors ces contrées hier radieuses, les partis en sont aux mains, marquant leur passage par de longs sillons de feu et jonchant le sol de ruines ; point d'activité qui ne désarme devant cette rude besogne de la guerre, et ce n'est pas pour un seul jour, c'est un duel à mort qui durera jusqu'à épuisement. Peu à peu disparaît la richesse dont cette nation était si justement fière : on donnera le dernier écu comme on a donné le dernier homme. Dans le sud, la sortie des cotons s'arrête devant un blocus rigoureux, les réserves s'accumulent, les champs restent pour la plupart en friche. Sur la mer, les corsaires guettent au passage les flottes marchandes, dispersent, pillent, brûlent, coulent les navires isolés. Le mouvement de l'immigration s'arrête, les cultures de l'intérieur restent en suspens, les cessions de terre discontinuent. C'est le spectacle d'un empire aux abois et réduit à des moyens désespérés. Avec les besoins de la guerre a paru le fléau que les fondateurs de la république avaient tant redouté, la dette, et sous la forme la plus écrasante le papier-monnaie. Dans sa détresse, le trésor émet coup sur coup des titres de plus en plus dépréciés. Pour sauver ce peuple qui en est à son dernier enjeu, il faut un miracle d'héroïsme, de constance et de dévouement : ce miracle se fait, mais à quel prix ? Comptons. Ce sont d'abord de lamentables hécatombes d'hommes, puis deux dettes parallèles de 3 milliards de dollars chacune, dont l'une pèsera sur la fortune publique, l'autre sur les fortunes privées ; c'est encore la valeur vénale de 4 millions d'esclaves et la moins-value des terres que leurs bras mettaient en rapport, enfin les dommages que l'on a vus se succéder, le dépérissement de la marine marchande et des échanges qu'elle défrayait, une brusque liquidation d'affaires suivie d'un temps d'arrêt de quatre ans, tout ce que peut en un mot amener à sa suite un choc essuyé en pleine marche et au bord d'un abîme. Voilà le bilan des désastres ; comment les réparer quand on revient à soi ?

Ici, pour être juste, il y a deux parts à faire dans la conduite du parti républicain, qui, ayant mené la guerre, avait l'incontestable droit de régler la paix. Dans la première, tout est à louer ; dans la seconde, il y a beaucoup à reprendre. La part qui est à louer, la voici. Quoique les blessures de l'Union saignassent-encore, le parti républicain, c'est-à-dire la grande majorité du congrès, n'hésita point à signaler son réveil par une revanche contre les gouvernements qui lui avaient montré leur mauvais vouloir dans le cours des hostilités, contre l'Angleterre en élevant le conflit qui dure encore sur la responsabilité encourue par celle-ci dans les déprédations des corsaires qui avaient pris l'estuaire de la Mersey pour port d'armement et de refuge, contre la France en lui imposant à bref délai l'évacuation du Mexique par une mise en demeure presque impérative. En même temps, après avoir prouvé au dehors que l'Union était encore debout, le congrès dégagea et allégea du mieux qu'il put la situation intérieure. La première mesure de salut était de ramener un budget de guerre à un budget de paix ; pour cela, on trancha dans le vif. Un désarmement immédiat fut ordonné ; on licencia l'armée, on congédia la marine militaire, on brisa les cadres, on mit à l'encan le gros du matériel, on commença la liquidation des pensions aux victimes de ces campagnes calamiteuses. Dans tous ces actes, pas une erreur de conduite, le congrès s'y montra aussi décidé pour les économies à faire que généreux pour les indemnités à répartir. Sur un autre point, il ne fut pas moins bien inspiré. A quelques égards, la lourde dette qui allait peser sur la nation avait été contractée dans des conditions excessives, et, comme beaucoup d'autres états, l'Union en aurait pu prendre prétexte pour imposer à ses créanciers des réductions arbitraires. Parmi les nationaux, des gens sans scrupules le conseillaient, et ne reculaient même pas devant la banqueroute. Ce sera l'éternel honneur du congrès d'avoir repoussé ce conseil odieux, maintenu en entier ses engagements et donné à l'Europe cette leçon de probité. Tout cela, comme on le voit, était régulier, conforme à la tradition, digne du peuple au nom duquel on agissait. C'est ici seulement que les fautes commencent. Ces fautes sont celles que le rapport du commissaire Wells, avec quelques ménagements dans les formes, signalait au comité des voies et moyens : la prétention de rembourser la dette immédiatement et à tout prix, la prétention de mettre ce remboursement à la charge de l'industrie européenne par la hausse indéfinie des tarifs. Certes on conçoit qu'un peuple qui jusqu'alors n'avait pas eu de dette permanente ait été troublé à l'idée d'ouvrir son grand-livre par un passif de 15 à 16 milliards de francs, on conçoit également qu'il n'ait pu songer sans dépit à cette masse de papier-monnaie sujette aux fluctuations du change et constituant à ce titre une circulation irrégulière ; mais avec plus de sang-froid on eût trouvé, pour combattre le mal, des moyens plus simples, plus sûrs, moins équivoques. L'Angleterre avait fourni aux hommes de sa race un exemple de ce que peuvent dans ce cas le concours et le bénéfice du temps. En 1815, après les derniers coups portés à l'empire français, elle restait chargée d'une dette de près de 22 milliards de francs dans des conditions identiques à celles-où se sont trouvés les États-Unis après leur victoire : épuisement de ressources, or soumis aux variations du change, papier-monnaie à cours forcé. Que se passa-t-il alors ? Chercha-t-on dans un surcroît d'impôt l'amortissement rapide de la dette ? Non. Il y eut là des hommes qui, à la connaissance des faits, unissaient le respect des doctrines : Ricardo, Huskisson, Canning lui-même, tous trois illustres à divers titres et dont l'Angleterre suivit les inspirations. Ils se dirent qu'on ne refait ni le crédit ni la fortune d'un état en poussant à bout des populations obérées, et que le vrai réservoir pour les dépenses publiques est dans la reconstitution des épargnes privées. Donc point d'impôt affectant les facultés de produire, point même d'amortissement déterminé, mais simplement l'excédent de la recette sur la dépense, quand il y en a un, appliqué au remboursement de la dette. Voilà depuis Canning la marche suivie, et Huskisson y ajouta les premiers adoucissements au tarif de douane qu'ait connus la fiscalité jusqu'alors ombrageuse de l'Angleterre. L'événement a confirmé la sagesse de cette conduite. La dette anglaise n'est pas éteinte, il est vrai, ni sensiblement diminuée, on n'y prétendait pas : elle est toujours aux environs de 19 milliards de francs ; mais avec quelle aisance le pays en porte le poids, comme elle est allégée par cette réduction imperceptible que lui apportent les années ! Ni le mouvement de la population, ni l'accroissement de la richesse ne s'en ressentent ; la politique n'en éprouve pas plus de gêne que la gestion financière. Quand des besoins imprévus se déclarent, on puise dans l'impôt ou dans l'emprunt indistinctement, et c'est ainsi qu'ont été traversées presque avec aisance les quatre guerres de Crimée, de Chine, de l'Inde et de l'Abyssinie. Un dernier trait au tableau, c'est que cette comptabilité en apparence stationnaire a pu se concilier avec les dégrèvements les plus larges et les faits économiques les plus révolutionnaires qu'aucun budget ait jamais eu à subir, c'est-à-dire un tarif de douane réduit à une quarantaine d'articles, des échanges libres, des ports ouverts, des colonies où tous les pavillons sont désormais admis avec le même traitement.

Comment se fait-il que les États-Unis n'aient pas vu là, dans des nécessités analogues, une voie à suivre, et dont les étapes étaient marquées avec une précision rassurante ? Est-ce parce que l'imitation leur a répugné, moins en elle-même qu'à cause du modèle ? Ce serait pousser loin l'incompatibilité d'humeur ; du reste, en se gouvernant ainsi, on eût moins copié les Anglais que les fondateurs de la république américaine ; vis-à-vis de la tradition, il y aurait eu un retour plutôt qu'un écart. Est-ce parce que les États-Unis ont manqué de confiance dans leurs ressources et craint de fléchir sous une tâche dont les Anglais ont supporté si aisément et si résolument le fardeau ? Ce serait beaucoup d'humilité et de modestie de la part de populations qui donnent rarement dans cet excès. Si considérable qu'elle fût, la dette des États-Unis n'eût semblé nulle part plus légère que dans le milieu où elle est née, et cela sans efforts, sans impôts nouveaux et par la seule puissance des choses. Elle frappe un peuple laborieux, en pleine voie d'accroissement, exempt du plus grand fléau des sociétés modernes, les existences parasites. Elle est à peu près la seule grande charge publique pour des contribuables qui n'ont à solder qu'une marine et une armée insignifiantes et un petit nombre de fonctionnaires attachés presque tous à des services productifs. En la consolidant dans une certaine mesure, on trouvait d'ailleurs l'avantage d'en faire retomber une portion sur ce flot d'immigrants qui, depuis un demi-siècle, ont ajouté au drapeau de l'Union tant d'étoiles nouvelles. Pourquoi dès lors tenter avant l'heure, empiriquement et péniblement, une libération qui, les années aidant, se serait accomplie d'une manière facile et naturelle ? Pourquoi, et c'est le grief principal, y procéder par des taxes dont l'origine et l'effet sont au moins équivoques, qui portent d'ailleurs une sensible atteinte à l'activité des populations, à leur degré d'aisance, au prix de leurs consommations les plus usuelles, tout cela pour ménager dans le jeu de ces taxes une haute paie à quelques industries ? En vérité, c'est un bien petit profit contre de grandes ruines, et les faits ne le prouvent que trop.

Le premier service qui en souffre est celui en vue duquel l'instrument fiscal a été porté à un si haut degré de puissance, la dette. Au début, quand le montant entier des taxes aboutissait à cette destination, l'amortissement avait des proportions vraiment sérieuses, et aucune fiction ne se glissait dans les comptes. Il n'arrivait pas alors qu'en amortissant d'un côté on empruntât de l'autre avec quelque variété dans les formes. On ne répondrait plus aujourd'hui aussi hardiment de cette sincérité dans les écritures livrées au public. Il y a des chiffres qui, à un moment donné, semblent comme figés, 2,600 millions de dollars par exemple. Malgré les sommes qu'on indique comme remboursées, ce chiffre est revenu plusieurs fois, probablement diminué ou grossi par des affluents alternatifs : d'où l'on doit conclure avec M. Wells, le commissaire du revenu, que, pour l'ensemble et dans les détails, le produit des taxes a fléchi, soit directement par une diminution de la consommation générale, soit incidemment par le détournement au profit d'industries locales de quelques consommations spécifiées, ce qui condamnerait les hauts tarifs à la fois pour ce qu'ils font et pour ce qu'ils empêchent. C'est donc un premier but qui échappe ou qui du moins s'éloigne ; il y a en outre des intérêts majeurs presque irrémédiablement compromis : j'ai nommé le commerce et la navigation, dont la grandeur enivrait autrefois les Américains, dont la décadence les navre aujourd'hui de douleur. Pour peu qu'on ait vécu dans nos ports ou parcouru les ports anglais, on sait quelle figure y faisait le pavillon étoilé ; à Liverpool, au Havre, il l'emportait quelquefois en nombre sur les pavillons nationaux, il hantait toutes les mers, commandait le respect à toutes les puissances. La guerre civile une fois allumée, quels vides, et comme ils se réparent lentement ! Des 42,000 bâtiments, entrée et sortie comprises, dont se composaient en 1860 les flottes marchandes, à peine en reste-t-il 12,000, auxquels les caprices du tarif enlèvent une portion de leurs éléments de transports. Il en est de même des échanges, sur lesquels ont pesé coup sur coup les calamités de la guerre et les maladresses de la paix ; ce qui est resté d'intact après les événements en est à se débattre contre le vice des institutions. Le chiffre des importations et des exportations réunies est tombé, suivant les articles, d'un tiers ou de moitié au-dessous des chiffres de 1859 et de 1860, témoin le coton qui de

4 millions 1/2 de balles récoltées en 1860 est descendu en 1867 à 1,957,988 balles, dont le cinquième reste en Amérique pour les besoins de l'industrie régnicole. Cet état de marasme gagne les autres branches de l'agriculture, qui s'en est longtemps préservée, et par un accord assez rare les plaintes ne sont pas moins vives à Chicago, la métropole rurale, qu'à New-York, la métropole du commerce et de la navigation. Tout s'enchaîne d'ailleurs dans cette série de faits ; c'est la revanche du débouché, qui partout reprend son niveau : dès qu'un pays le ferme ou le restreint, il s'expose à ce qu'on lui en fasse autant.

Section III

Les derniers avis reçus d'Amérique confirment le résultat que l'on attendait du remaniement des tarifs. La chambre des représentants n'a pas toujours donné raison à son comité des voies et moyens : dans la loterie des scrutins, quelques industries ont été maltraitées, d'autres servies outre mesure ; il y a eu à la fois des mécomptes et des surprises. Pour le parti républicain, ces accidents sont un fait nouveau : voilà dix ans qu'il vivait et commandait par l'esprit de discipline ; s'il y déroge, c'est qu'il doute de son œuvre et que sa foi est atteinte. Le germe de dissolution est venu de l'excès de prétention des intérêts privés ; ceux d'entre les représentants qui n'ont en vue que le bien commun se lassent, à ce qu'il semble, de servir de partenaires à ceux qui ne songent qu'à leur propre bien. Peu à peu les masques tombent et les arguments de convention perdent de leur crédit. En même temps, l'opinion extérieure se prononce chaque jour d'une manière plus marquée. Du congrès tel qu'il est composé, il n'y a plus à espérer de concessions ; mais pour l'automne prochain on a en perspective une grande lutte électorale, où les partis essaieront de nouveau leurs forces. Les partisans des franchises commerciales y trouveront comme auxiliaires les états du sud, dernièrement reconstitués, et où il sera curieux de voir à l'œuvre les hommes de couleur. S'il faut croire les récits qui nous arrivent, l'engagement sera sérieux. Toutes les associations du libre échange que nous signalions au début de ce travail sont sur la brèche depuis trois mois, et en tête celle de New-York. Quelques détails sur les origines et la marche, de cette association donneront une idée précise du mouvement qui se prépare.

Formée il y a quatre ans, l'association de New-York ne se composait que d'un noyau d'hommes dévoués disposant d'un fonds insignifiant, 6,000 francs. La réforme n'était pas mûre, ce chiffre le prouvait bien. L'année suivante, même indifférence ; la recette n'est plus que de 4,600 francs. A la troisième année seulement, l'opinion se prononce, c'est à 35,000 francs que les versements s'élèvent ; les adhérents arrivent en proportion. Enfin dans le cours de la quatrième année l'élan est décisif ; on atteint 150,000 francs de recettes, sans compter les suppléments. Dans sa dernière séance, tenue le 24 février, l'association a recueilli 112,000 francs de souscriptions, celle entre autres de trois maisons de New-York à raison de 25,000 francs chacune. C'est l'œuvre de Cobden qui recommence et semble destinée à parcourir les mêmes phases : succès d'argent, succès de traités populaires distribués par millions, succès de tribunes en plein vent au milieu de foules enthousiastes. Déjà en comité préparatoire ont été agités les points sur lesquels il y a lieu d'insister pour émouvoir la fibre nationale. Le mot d'ordre est de prendre cette fois la question par le vrai côté, puisqu'il s'agit de tarifs, le côté économique plutôt que politique. Pour rendre la matière facile à saisir, l'association a fait imprimer deux tarifs : le tarif anglais tenant tout entier sur un carré de papier de 6 centimètres de hauteur sur 5 de largeur, et le tarif américain, tel que le voudraient les partisans d'une réforme, sur un carré de papier de dimension à peu près égale, couvert au *recto* et au *verso*, tarifs en miniature, présentés comme des modèles du genre. Ces armes légères une fois distribuées, il s'agira d'aller au but.

Le grand point de mire sera non-seulement l'assiette, mais l'effet des taxes. Tout le différend est là, et il convenait d'y mettre un peu de méthode. D'abord et autant que possible, taxes modérées, ne dépassant que par exception un maximum déterminé. Ce maximum, pour une cause ou l'autre, est-il dépassé, il reste à s'assurer que le surcroît de taxe profite au trésor et non à des parasites qui font payer plus cher des produits souvent plus médiocres, abusent des positions qu'on leur livre et élèvent le ton à mesure qu'on leur cède. Où l'on croyait n'avoir que des clients, on s'est donné des maîtres. A un autre titre, ce retour à des taxes modérées est de rigueur ; seul il mettra fin à un commerce interlope qui dépasse toutes les bornes et dont les industries régnicoles ont à souffrir autant que le fisc. On a vu M. Kelley se plaindre lui-même des déclarations frauduleuses que les agents de Sheffield font en douane sur la valeur de leurs aciers ; il n'est ni moins formel ni moins sévère au sujet de la contrebande effrontée dont les charbons, les bois de construction, les minerais de toute nature sont l'objet sur les frontières à peine délimitées qui séparent le Canada de l'Union américaine : mêmes opérations suspectes sur la ligne du Texas, dans les golfes déserts de la Floride, sur les îles du canal de Bahama, peuplées d'aventuriers, et le long des petits archipels qui bordent les deux Carolines. A mesure que l'augmentation des taxes montre en perspective plus de profits à recueillir, les introductions irrégulières gagnent du terrain sur les acquittements réguliers, et frappent aussi bien les articles lourds que les articles légers, les métaux que les étoffes. Le trésor s'appauvrit de la sorte par les saignées que lui fait le plus détestable des trafics, celui de la fraude à front découvert, souvent à main armée. Les documents publiés par l'association de New-York contiennent là-dessus des détails significatifs : on n'y estime pas à moins d'un tiers, soit en poids, soit en valeur, le chiffre des produits qui se dérobent au paiement des taxes, et passent subrepticement sur le marché américain. Voilà de quoi convaincre ceux qui s'attachent aux faits techniques, et ces faits sont les moindres. Dans les considérations générales, le sujet prend plus d'ampleur, et c'est sur quoi insistent d'autres publications, notamment celle d'un moraliste distingué, M. François Lieber, un vieil ami d'Alexis de Tocqueville et correspondant de l'Institut de France.[1] Les sophismes de la protection, que Bastiat a flagellés chez nous, y sont traités très vertement aussi en tant qu'ils s'appliquent au régime économique du Nouveau-Monde. Il y a des écrits sérieux, il y a aussi des pamphlets, un entre autres où le congrès est ironiquement sommé, dans l'intérêt des possesseurs de houillères, de multiplier les éclipses du soleil dont les clartés gratuites sont ruineuses pour eux. On réédite tous les lieux-communs qui flattent les préjugés des masses et qui ne manquent à aucune mauvaise cause. Tel est celui-ci, émis sur tous les tons, présenté sous toutes les formes, que l'Amérique du Nord doit aspirer à se suffire, mettre au ban l'industrie européenne, ne rompre ce ban que dans des cas d'exception, dût-on traverser pour cela une période d'épreuves

1 *Notes on fallacies.*

Section III

et payer la rançon de la communauté par un demi-siècle de sacrifices. Que la vie nationale en fût renchérie, que le peuplement en fût enrayé, peu importerait ; l'essentiel est d'avoir à tout prix des industries indépendantes dans une Amérique qui s'appartienne. Telle est la formule à l'usage des masses ; or qu'y répondre, si ce n'est que ceux qui parlent ainsi ont perdu le sentiment des choses réelles, et ne savent plus ni d'où ils viennent, ni ce qu'ils sont, ni dans quel monde ils vivent ?

D'où ils viennent, il ne faudrait pas remonter bien loin pour s'en assurer. Il y a trois siècles, la territoire qu'ils occupent et dont ils voudraient faire une sorte de Tauride appartenait à des tribus errantes qui se scalpaient à qui mieux mieux, et ont scalpé au début les pionniers qui leur tombaient sous la main. C'est à la longue seulement et après que l'Europe eut jeté sur les côtes d'Amérique convois sur convois, races sur races, que la civilisation commença son œuvre et refoula la barbarie. L'envahissement ne se fit ni pour les mêmes causes ni sous le même drapeau : vers le golfe du Mexique, ce fut l'œuvre de boucaniers et de flibustiers ; le long des Alleghanys, ce fut un exode de puritains chassés par les persécutions religieuses, au nord des Français, au midi des Espagnols et des Français encore, au centre des Anglo-Saxons, fortifiés plus tard par des essaims d'Allemands et d'Irlandais. Point de cohésion jusque-là, rien que des disparates. Il n'y a pas cent ans que l'unité s'est faite, et beaucoup d'entre ceux qui s'en montrent fiers aujourd'hui ont par eux-mêmes ou par les générations qui les ont précédés des réminiscences d'une autre patrie. Ce serait donc à ces populations d'origine mixte, étroitement liées à l'Europe par des conformités de mœurs, de langues et de traditions, qu'on voudrait donner le goût d'une rupture qui des produits s'étendrait aux hommes ! Déplorable inspiration ! Y songer d'une manière absolue serait tout simplement insensé, d'une façon relative et par des difficultés de détail est peu digne d'un peuple qui, bienveillant ou hostile, n'a jamais caché ses desseins.

Ce qu'ils sont, comment le méconnaître ? Ils sont ce que les a faits un long exercice de la liberté sous des chefs qui veillaient avec une sollicitude ombrageuse à ce qu'elle passât intacte dans les lois, non pas la liberté équivoque dont se contentent nos sociétés vieillies, ni même cette liberté qui choisit et distingue, dans les formes qu'elle adopte, celles qui laissent quelque place à la fantaisie, mais la liberté qui comprend tout et ne spécifie rien, la liberté dans la plus large acception du mot. Voilà ce que sont les Américains, voilà leur vraie physionomie ; y changer un trait suffirait pour l'altérer ; hors de la liberté, ils perdent leur caractère ; elle a été leur grande, presque leur seule force, et jusqu'ici le sujet de leur légitime orgueil. Comment croire maintenant que ce peuple, qui doit tout à la liberté, qui est tout par elle, se prêtera longtemps et de gaîté de cœur à la laisser mutiler dans l'une de ses applications les plus utiles, qu'il restera dupe des sophismes qu'on lui débite pour justifier ce sacrifice ? Non, ce n'est là qu'un malentendu, une gageure contre le bon sens du peuple, l'instinct universel, la saine notion des choses, et plus l'aberration aura été longue, plus marqué sera le retour à une vue plus juste, à une opinion plus éclairée.

Enfin les formalistes du congrès n'ont pas compris davantage le monde dans lequel ils vivent : quoi de mieux démontré ? C'est une vie de séquestre, un système d'isolement qu'ils proposent depuis huit ans au vaste empire qu'ils administrent. Le séquestre, l'isolement ! mais de quels faits s'inspirent-ils donc pour croire que le moment se prête à de semblables extrémités ? Les sociétés modernes se recueilleraient-elles par hasard dans une existence contemplative ? y aurait-il en quelque endroit des signes d'un besoin quelconque de se tenir à l'écart les uns des autres ? Bien loin de là. Jamais les hommes n'ont donné des gages plus irrécusables du désir qu'ils ont de se rapprocher ; jamais les instruments de ce rapprochement n'ont été plus multipliés, plus commodes, mis à la portée de plus de gens. Ce mouvement, ce besoin d'échanges, se sont étendus, s'étendent de plus en plus aux produits des industries ; on sait avec quelle énergie ils se sont portés vers la communication des sentiments et des idées. De la rapidité, la vapeur et l'électricité aidant, on est arrivé à l'instantanéité. Et c'est cette heure que l'on choisirait pour ramener les intérêts des nations à des compartiments inflexibles, à une sorte de portion congrue, pour leur refuser désormais ou leur faire payer par des conditions léonines cette hospitalité du marché qui devrait être gracieusement donnée ! Mais à quoi bon alors les voies rapides, à quoi bon la navigation, à vapeur et ces câbles qui transmettent d'un continent à l'autre les impressions et pour ainsi dire les pulsations des peuples ?

Une dernière considération. Les rapports commerciaux entre nations ont été jusqu'ici arbitrairement réglés. Chacune a fait à sa guise. A son heure, selon son caprice. C'est l'économie politique qui en a eu la charge plutôt passive qu'active. On sait avec quel esprit de patience et de longanimité elle entre dans des débats où s'agitent tant de passions ; elle a des doctrines et ne se prête à rien de ce qui va au-delà ou reste en-deçà. En matière d'échanges par exemple, elle n'admet pas que le mal causé à autrui profite à celui qui le fait ; elle professe au contraire qu'un châtiment prompt ou lent est inséparable de semblables écarts. Dans un conflit, cette tolérance met les champions à l'aise. L'économie politique n'est présente que comme témoin, elle n'a d'autres pouvoirs pour les juger qu'un appel à l'opinion ; mais qu'on suppose cette mission d'arbitre confiée à une science moins débonnaire, le droit des gens, qui ne souffrirait entre nations d'autre règle qu'une rigoureuse réciprocité : bientôt le régime des marchés serait l'objet d'une instance toujours ouverte, toujours à reprendre. Il nous faudrait alors regarder de près à ces taxes de 30, 40, 50 et jusqu'à 90 pour 100 que les tarifs des États-Unis, sans délais de préparation, sans avis préalable, ont imposées et imposent encore aux produits de nos fabriques. Que de querelles et que de sujets d'animosité ! Au lieu de nos civilisations énervées par le raffinement, on en reviendrait peu à peu aux civilisations des premiers âges, pleines d'alertes et d'embûches, où chaque peuple, juge dans sa cause, était en quête de perpétuelles revanches : œil pour œil, dent pour dent, comme en pleine barbarie. Si c'est là l'idée spéculative qu'on se fait en Amérique de la marche de l'humanité, on peut dire, sans vouloir blesser personne, que c'est une marche à rebours.

ISBN : 978-1985738775

www.ingramcontent.com/pod-product-compliance
Lightning Source LLC
Chambersburg PA
CBHW070957220526
45471CB00007B/3071